Et si je me donnais une chance!

Yann Dupuy

MyTennisConcept

MyTennisConcept
ISBN-13: 978-2955321225
ISBN-10: 2955321222

REMERCIEMENTS

Merci à ma famille, ma femme à qui je dois presque tout et à mes enfants qui sont les trésors de ma vie.

«Verso l'infinito ed oltre!»

CONTENTS

PRÉFACE

Joueurs et joueuses, vous avez beaucoup de chance que Yann ait fait ce livre..., pour vous : des recommandations, des conseils, des attitudes ou des comportements à éviter ou à rechercher. Il vous enseigne à mieux apprendre, de lui, de vos entraîneurs, de vos échecs et de vos réussites.

En devenant plus réceptifs, vous deviendrez un meilleur joueur. Ce sera la preuve que vous avez utilisé votre intelligence et votre volonté. C'est cette force mentale qui est la qualité première des grands joueurs, supérieure encore à leur jeu, et à leur physique pourtant remarquables comme vous le savez.

Ne vous contentez pas d'admirer, d'imiter leur coup droit ou leur revers : imitez leur comportement, leur attitude en match ou à l'entrainement.

Ces joueurs et joueuses qui valent 9 sur 10 dans tout ce qui est technique et physique méritent 10 dans tout ce qui touche au mental. Ne vous contentez pas d'un 2 ou d'un 3, voire d'un 6 ou d'un 7. Soyez d'abord exigeant avec vous même dans ce domaine.

Lisez et relisez les phrases qui vous concernent le plus, marquez les, soulignez les, écrivez les, vous deviendrez un meilleur joueur. Votre mental, votre comportement sur le court et en dehors pourraient vous tirer irrémédiablement vers le bas, vous limiter dans vos progrès. C'est l'inverse que vous recherchez. N'ayez pas peur de l'échec, du point, du jeu ou du match perdu. Cela fait partie du tennis, du sport, de la vie. Michael Jordan que Yann cite, a aussi dit ceci : «Quand je perds, j'apprends à gagner pour la prochaine fois».

Bonne lecture et merci à Yann de m'avoir permis de réfléchir à notre jeu, à notre sport.
Georges Deniau

Georges Deniau a atteint le 3e tour du tournoi de Roland-Garros en simple 1955 et 1956 (il a aussi joué le 1er tour durant l'ère Open en 1968, et les 1/32 de finales en doubles en 1968, 1969, 1970 et 1972. Il a également atteint les quarts de finale en double mixte en 1960. Sur le circuit amateur avant l'ère Open, il a gagné 4 tournois et atteint 5 autres finales en simple et il a aussi atteint 4 finales en double. Entraîneur à partir de 1961, il a notamment travaillé pour les équipes de Coupe Davis de France et de Suisse. Il a par exemple fait partie de l'équipe encadrante de l'équipe de France victorieuse en 2012. Comme entraîneur de joueurs, il a notamment coaché Guy Forget, Jacob Hlasek et les joueurs des équipes de Coupe Davis Françaises et Suisses (avec Roger Federer). Il a aussi publié plusieurs ouvrages techniques et écrit des articles et chroniques dans Tennis Magazine. En 2011, il sort «Des Mousquetaires à Federer», un ouvrage dans lequel il raconte ses rencontres avec de grands joueurs de l'histoire, de Henri Cochet à Roger Federer.

AVANT-PROPOS

Yann Dupuy

Depuis quelques années, j'entraîne des joueurs de compétitions de haut niveau et de bon niveau. Je continue aussi en parallèle une discrète activité de joueur de tennis en compétition quand le temps me le permet.

Au fil du temps passé auprès des joueurs que j'entraîne ou que j'ai eu l'occasion de rencontrer sur le court, je me suis rendu compte que malgré le fait que chacun soit différent au niveau physique, environnemental et psychologique, nous retrouvons de nombreux points communs qui posent le point de départ de la réussite ou de l'échec.

En effet, chacun de nous aura ses propres mécanismes pour affronter les différentes situations qui se présentent. Mais au départ, nous aurons souvent des stimuli récurrents et indépendants de la personnalité du joueur.

Tous les jours, je vois ces joueurs et joueuses se battre contre eux même quand les choses ne vont pas comme ils l'espèrent. Il arrive alors ce moment, où plus rien n'avance, car ils n'ont plus la capacité de gérer la situation.

Je vois un peu de moi en eux. Lorsque je rêvais de devenir le meilleur, plus j'avançais, plus j'avais peur de ne pas y arriver. C'est incroyable cette sensation de se sentir capable d'atteindre des sommets dans ce que l'on fait, et par la même occasion, se rendre compte que ce ne sera pas si simple que cela et que l'on a de fortes chances d'échouer...

En fait, c'est tout simplement flippant. Tu regardes autour de toi. Tu paniques. Tu as l'impression que tu n'as plus le contrôle. Tu espères au surnaturel!

Je décidais alors de fermer les yeux sur tout ça, faire comme si cela n'existait pas, et faire semblant de croire en mon DESTIN...

Pendant des années, j'ai attendu que le déclic arrive. Je ne savais ni comment, ni pourquoi, ni quand. J'attendais chaque matin que ce «pouvoir surnaturel» me tombe dessus!!!!

Aujourd'hui de l'eau est passée sous les ponts. Je ne veux pas que tu fasses les mêmes erreurs. Je veux te donner la possibilité de te mettre dans les conditions de te donner une chance d'atteindre tes rêves. Je dis bien une chance. La route est tellement dure et parsemée d'embuches que l'on sait où le chemin commence, mais rarement où il finit.

Être joueur de tennis, et chercher à devenir le numéro 1, est un parcours intense et pénétrant qui marque à vie.

L'ambition de ce petit manuel est donc de mettre en évidence ces paramètres. Il s'adresse aux jeunes joueurs, afin de leur permettre d'affronter au mieux et le plus rapidement possible ce que communément nous voyons comme un gâchis de potentiel, de travail et de talent.

Cet ouvrage est un peu comme un discours qu'un coach ou un entraîneur pourrait avoir avec son ou ses joueurs pour pouvoir commencer le travail sur de bonnes bases.

J'espère qu'il te sera utile tel quel et qu'il te permettra aussi d'élaborer tes propres idées pour faire avancer un peu le "schmilblic", que tu sois joueur ou entraîneur.

CHAPITRE 1
LA COMPÉTITION

« Je ne sais pas si on peut parler de camaraderie. Comme c'est du sport, je pense qu'il s'agit plutôt de fair-play. Quand je me fais battre par Jason Lezak, je le félicite parce que je reconnais vraiment sa performance. Quand je bats Eamon Sullivan, il me félicite, et vice versa. Si on nie les autres ou on les rabaisse, je ne pense pas que ce soit très sain. Ce fair-play doit rester une des valeurs sûres de notre sport parce qu'un jour, on peut être le meilleur. Et dès le lendemain, être battu. Tant qu'on n'a pas touché, on n'a pas perdu. Et tant qu'on n'a pas touché, on n'a pas gagné." Le relais m'a servi de leçon. Cette défaite m'a beaucoup touché. M'être fait doubler, ça m'a vraiment secoué. J'aurais très bien pu sombrer, ne pas être capable de réagir et faire derrière une compétition moyenne. Mais après tout le travail accompli ces dernières années, il n'était pas question que je me laisse abattre. Il fallait que je me remette tout de suite dedans dès les séries. C'est une grosse victoire sur moi-même. D'habitude, je ne suis pas très fort au niveau mental. J'ai clairement progressé dans ce domaine. ».

Alain Bernard Médaille d'or 100m natation Pekin 2008.

Tout d'abord, je vais te donner ma définition d'un compétiteur.

Un compétiteur s'entraîne, joue, pour participer à un tournoi pour GAGNER!

Lorsqu'il s'engage dans une compétition, ce doit être pour la remporter. Sinon moi, j'appelle ça faire semblant.

Je ne te dis pas qu'il ne faut pas prendre du plaisir dans ce que tu fais. Le plaisir doit être dans le combat, dans le fait de trouver des solutions pour remporter le match, ou bien de gagner tout court.

Bien jouer n'a plus de sens lorsque tu entres sur le court pour un match officiel. Si tu joues bien et que tu perds, t'auras sans doute pris du plaisir à bien jouer, mais est-ce que cela compensera le fait que tu aies perdu? Bien sûr, si tu gagnes et que tu joues bien, tu lies l'utile à l'agréable...

J'ai entendu aussi beaucoup de personnes me dire qu'ils faisaient des tournois pour se faire plaisir. Mais ceux là, je les vois aussi balancer des matches parce que justement, ils ne jouent pas assez bien ou que l'autre joue d'une façon qui ne correspond pas à leur vision du tennis...

J'ai envie de leur dire : «ne vous inscrivez pas en tournoi! Vous ne pouvez pas demander à l'adversaire de jouer pour vous faire plaisir, pour que vous sentiez bien la balle, pour qu'il vous laisse gagner».

Participer à une compétition, c'est se confronter aux autres. C'est gagner grâce aux moyens que l'on possède, que ce soit technique, tactique, physique ou mental. On utilise ce que l'on sait faire pour battre un adversaire.

Je pense, que quiconque fait de la compétition a le désir d'aller le plus loin possible jusqu'à la marche ultime d'être le numéro 1.

Sinon, les matches entre amis (amicaux) sont la solution pour ceux qui veulent se faire plaisir.

Cet ouvrage est destiné à ceux qui veulent gagner des matches et aller le plus loin possible dans chaque compétition à laquelle ils participent.

Aux compétiteurs!

GAGNER VS PERDRE?

La difficulté, justement, est de réussir à faire la part des choses et d'être en phase avec ce que l'on attend de son sport.

D'un côté, il faut rentrer sur le terrain pour gagner, et de l'autre c'est cet objectif de résultats qui est souvent la cause de nos échecs.

Gagner ou perdre, là n'est peut être pas la question???

D'un côté, il y a la formation, la progression, l'entrainement du joueur, et de l'autre, nous avons la compétition.

Tout cela forme un tout, et c'est la gestion de ce tout qui fera que tu atteindras tes objectifs ou non...

On est tous d'accord sur le principe que pour réussir, il faut beaucoup s'entraîner. Tu te rendras ainsi compte que rarement cela suffit, sinon tout le monde y arriverait.

Un premier constat :

Je crois justement que beaucoup ne sont pas conscients que la compétition, et encore plus au tennis, est une confrontation, presqu'un affrontement entre deux réalités, la tienne et celle de ton adversaire... Il faut faire avec ce que tu as le jour J pour contrer ce qu'a ton adversaire. Il y a plusieurs façons d'aborder, de jouer, gérer un match, mais il n'y aura qu'un vainqueur. Feras-tu tout pour battre ton adversaire (dans les limites des règles bien entendu)?

Un deuxième concept intéressant est souligné par F. Leclerc : «Il y a plus de courage que de talent dans la plupart des réussites». Ce qui porterait à dire que le travail ne suffit pas et le talent non plus!

Tu entendras souvent dire aussi que tout se passe dans la tête. Malgré le fait que le métier de préparateur mental est en pleine expansion, il n'existe pas de recette miracle.

Très souvent, tu as l'impression de ne pas réussir à donner le meilleur de toi-même. Les choses t'échappent, même si tu penses faire tout de la meilleure des façons.

C'est là dessus que je veux intervenir. Je veux

t'amener à te rendre compte que tu peux t'aider toi même.

Beaucoup de psychologues, de chercheurs sont là pour donner leurs conseils pour atteindre les objectifs que tu t'es fixé. Tu vois que cela ne t'assure pas non plus la victoire.

De nombreux champions ont mis dans des livres leurs expériences de sportifs de haut niveau et l'attitude nécessaire pour gagner. Ils parlent de la manière dont ils ont gagné tel ou tel titre.

Ils sont peu nombreux ceux qui ont réussi. Ceux là te parlent de la victoire. Ton problème n'est pas le fait que tu ne connaisses pas l'attitude juste qu'il faille pour gagner. Elle doit faire partie de toi le plus souvent possible. Pas seulement quand toutes les meilleures conditions sont réunies.

La première démarche, c'est de comprendre comment tu peux entreprendre cette construction afin que chaque étape soit bien ancrée et cimentée. Tes fondations doivent être solides pour que tu puisses gérer n'importe quelle situation.

Là, je ne dis pas «gagner à tous les coups». Je dis «se donner une chance d'aller jusqu'au bout et faire tout ce qui est en ton pouvoir pour obtenir ce résultat tant attendu».

«Il faut commencer par apprendre à ne pas perdre tout seul, à ne pas se mettre en difficulté tout seul».

Cette étape, à mon avis, est essentielle pour ton évolution psycho-physique d'athlète et pourrait se résumer dans «d'Apprendre à apprendre».

Pour mieux expliquer ce concept, je ne me

baserai pas sur ce qui fait gagner quelqu'un. Je partirai de ce qui fait perdre tout le monde. Comprendre pourquoi nous n'arrivons pas à la bonne attitude pour se donner la meilleure chance de victoire.

Je te parlerai des expériences qui seront basées sur l'échec :

- Ce qui fait perdre avant de commencer le match.

- Ce qui t'empêche de donner le meilleur de toi même.

- Tout ce qui te limite, etc...

Je ne suis pas en train de te dire que je t'offrirai la recette miracle qui te permettra de devenir numéro un mondial. Mais je t'aiderai à comprendre comment utiliser au maximum ton potentiel, tes qualités et tes défauts. En résumé, te servir de ce que tu es pour marcher sur le chemin que tu t'es tracé.

Pour illustrer mon discours, je prendrai comme point de référence : « le Tennis ».

- Ce « jeu de la vie » car sur le court tu n'es personne d'autre que toi même, un être humain. Tu agiras ou réagiras très souvent sur le court comme dans ta vie de tous les jours.

- « Jeu d'improvisation » car il faudra que tu t'adaptes aux situations qui sont souvent très différentes les unes des autres, tout en étant reliées entre elles.

CHAPITRE 2
PEUR DE NE PAS RÉUSSIR...

«Je suis plus fort que l'autre...J'ai plus de talent que lui...Je m'entraîne six heures par jour... etc...Mais comment ai-je fait pour perdre? Je suis nul, je n'y arriverai jamais... j'ai pas le droit de faire si, pas le droit de faire ça...»

«Je suis plus fort que l'autre...J'ai plus de talent que lui...Je m'entraîne six heures par jour... etc...Mais comment ai-je fait pour perdre? Je suis nul, je n'y arriverai jamais... j'ai pas le droit de faire si, pas le droit de faire ça...»

Je pense que ces phrases t'ont déjà traversé l'esprit. Pourquoi en arrive-t-on à se dire ce genre de choses?..

J'ai passé une grande partie de ma vie à chercher comment gagner, essayer de trouver des solutions pour devenir le meilleur.Je voulais devenir le numéro un. Il n'y avait rien de mal à y croire. Pourtant cette ambition a été la cause de beaucoup de mes problèmes et de mes défaites jusqu'à m'empêcher de me rapprocher de mon réel potentiel et de l'utiliser au maximum.

Pour résumer mon expérience, j'ai la désagréable sensation de m'être arrêté très loin, de là où je pensais pouvoir arriver.

Ce que j'ai compris aujourd'hui, c'est que dans ma « pseudo carrière », j'ai eu la fausse conviction de donner tout ce que je pouvais et de faire tout ce que je devais, investissant tout sur mon talent et mon engagement, mais sans obtenir rien de ce que je m'étais préfixé.

Quand je dis que l'objectif de devenir le meilleur m'a été préjudiciable, c'est dans le sens où je n'ai pas fait la différence entre le résultat et le parcours.

Je n'ai pensé qu'aux résultats immédiats en fonction des objectifs à long terme.

Par exemple, quand je m'entraînais, je ne m'entraînais pas en tant que Yann Dupuy, l'être humain avec ses défauts et qualités. Dans ma tête, j'étais le futur champion et je n'acceptais pas de rater ou de ne pas être capable de faire le coup parfait. Je pensais qu'un champion ne pouvait pas rater. Je pensais que chaque faute m'éloignait de mon objectif. Je m'effondrai sur moi même. j'avais peur... de ne pas réussir!

Chaque coup devenait une remise en question. Chaque frappe validait ou non ma possibilité d'atteindre mon rêve. Aujourd'hui, je me rends compte que cette tension était énorme, trop énorme. En fait, chaque entraînement ou match devenait un combat, un test, un examen qui m'aurait donné le diplôme. Alors que le tennis, c'est un éternel recommencement. On gagne, on perd. On perd souvent plus que l'on ne gagne. On joue rarement le meilleur tennis de sa vie à chaque tournoi. C'est pourquoi cette pression de chaque instant est souvent trop lourde à gérer pour réussir à donner le meilleur de soi même à chaque instant.

Au lieu de m'entraîner en pensant à perfectionner les qualités que je possédais déjà, à améliorer mes points faibles, à apprendre à comprendre quel joueur j'étais, j'étais concentré sur le fait qu'il fallait que je devienne un champion. J'avais l'impression que chaque coup était celui du «jugement dernier»!

Je perdais de vue le simple principe que mon entraînement devait être basé sur moi même, sur ce que j'étais et non sur ce que j'aurais voulu être.

A première vue, on peut appeler ça un manque d'humilité. Je dirai plutôt que cela fut une profonde incapacité de comprendre que mon impatience me ralentirait, voire m'empêcherait d'obtenir des résultats et d'atteindre les objectifs que je m'étais fixé.

Je n'acceptais pas de rater. Je n'acceptais pas la défaite ou l'erreur comme une composante normale de la vie d'un athlète. Je ne comprenais pas que beaucoup de victoires se construisaient sur de nombreuses défaites. En refusant l'erreur et la défaite, je perdais une expérience fondamentale. En somme, je ne réussissais pas à en extraire un enseignement pour le futur.

Quand les choses n'allaient pas comme je le voulais, ma confiance se brisait en mille morceaux. Tout de suite, je remettais en question mes capacités et mes propres objectifs.

C'était compréhensible de se retrouver dans cet état d'esprit, ayant l'impression d'échouer dans ce qui me tenait le plus à coeur.

Combien de fois ai-je abandonné l'idée d'être capable d'atteindre un jour mon objectif, juste pour un coup droit dans le filet!!!

J'ai compris, seulement un peu plus tard, que tout cela était fondé sur une incompréhension totale de la situation.

Comme dans toute entreprise, il y a des étapes, des moments de progrès rapide, des moments de sensations de régressions, des moments de stabilisation. Il y a aussi des moments de joie, de «planage total». On croit être le roi du monde et que notre route est déjà toute tracée vers le succès.

Je parle aussi de sensations. Souvent, nous confondons nos sensations avec la réalité.

Pour résumer, tout cela, c'est l'accumulation d'expériences.

Je ne m'en suis pas servi. Je ne comprenais pas. On ne m'avait jamais appris à apprendre. Je ne savais pas qu'il y avait des règles fondamentales à suivre pour prendre et utiliser ce que l'on m'offrait.

Je me suis rendu compte que je ne voulais pas apprendre, je voulais réussir!

« J'ai raté 9000 tirs dans ma carrière. J'ai perdu presque 300 matchs. 26 fois, on m'a fait confiance pour prendre le tir de la victoire et j'ai raté. J'ai échoué encore et encore dans ma vie. C'est pourquoi je réussis.»

Michael Jordan

CHAPITRE 3
JE NE VOULAIS PAS APPRENDRE

« Je ne voulais pas apprendre. Je voulais réussir. Je n'avais pas compris que pour atteindre un point donné il faut y aller. On y arrive pas par télé-transportation à la Star trek. Il faut trouver les moyens d'y parvenir... »

JE NE VOULAIS PAS APPRENDRE, JE VOULAIS REUSSIR.

Eh oui! Je ne voulais pas apprendre. Je voulais réussir. Je n'avais pas compris que pour atteindre un point donné, il faut y aller. On n'y arrive pas par télé-transportation à la Star Trek. Il faut trouver les moyens d'y parvenir...

Des fois, il faut juste marcher. Des fois, il faut courir. Des fois, il faut acheter une voiture. Des fois, il faut prendre les transports en commun. Des fois, il faut un peu de tout. Des fois, tu vas trouver du monde pour t'en empêcher. Des fois, tu vas crever une roue, etc...

Il y a tellement de choses qui peuvent et qui vont se passer tout au long de ton parcours. Tellement de choses à apprendre pour faire le pas de plus, ne pas tomber dans les pièges ou profiter des opportunités que la vie t'offrira.

Bien au contraire, moi, je n'attendais que des

réponses. Je voulais des solutions prêtes à consommer. Je voulais me télé-transporter. Je cherchais en réalité une pilule miracle que j'aurais prise avant de dormir et le lendemain, au réveil, comme par enchantement j'aurais gagné tous mes matchs, et serais devenu le meilleur joueur de tennis du monde.

Je cherchais quelqu'un qui puisse me donner ces solutions, qui me dise qu'il suffise de faire ci ou ça, et que tout deviendrait, d'un seul coup, facile.

Je voulais me trouver dans la peau de Daniel San dans « Karaté Kid ». Je voulais trouver mon maître.Je cherchais des solutions dans les livres. Chaque personne que je rencontrais devenait un maître potentiel. Je cherchais une solution pour devenir plus fort!

La vérité, c'est que j'attendais que cela vienne des autres.Je me focalisais sur la recherche de cette recette miracle ou de ce maître qui aurait fait de moi le numéro 1 mondial.

J'ai focalisé mon énergie dans ces recherches, au lieu de me concentrer sur la pratique de mon sport, d'apprendre et d'utiliser ce que je savais faire.

Je n'avais jamais cherché à me construire. Je pensais à un truc en préfabriqué. Il fallait juste empiler les legos les uns sur les autres en suivant les instructions et le tour était joué...

Je portais mon attention sur ce que l'on pouvait me donner, sans jamais penser que je pouvais moi aussi donner. Donner à moi même, me regarder dans le miroir et voir qui j'étais réellement au lieu de passer mon temps à mettre ma tête à la place de celle de mon idole qui porte la coupe de Roland Garros.

Alors, j'empilais ces informations. J'avais l'impression de me rapprocher de plus en plus de la vérité, ma vérité. Je les prenais comme des compléments alimentaires.Je ne comprenais pas que sans mon intervention personnelle pour élaborer ces informations, je n'allais nulle part. J'errais ici et là dans ma bulle, sans jamais réussir à mettre ce que j'avais à l'intérieur de moi en contact avec l'extérieur, avec les différentes situations qui se présentaient à moi.

À ne pas comprendre tout cela, j'utilisais toute mon énergie pour ce qu'il y avait à la surface de mon tennis. Je n'en avais plus pour agir ou réagir.

J'en étais arrivé à me coucher tous les soirs à 21h30 pour me lever à 6h et à faire mes exercices de respiration. J'allais acheter les fruits et légumes frais nécessaires à mes repas quotidiens. J'avais arrêté de manger de la viande rouge. Je me donnais le droit à un verre de coca cola par semaine.

J'utilisais une énergie considérable à faire «bien» tout ce qu'il y avait autour, que ce soit comment je devais manger, boire, à quelle heure je devais dormir,...

Mais comme l'a dit Nicolas Escudé :« Devenir Pro, ce n'est pas dormir à 20h, se lever à 6h, manger ses deux biscottes...c'est donner le maximum pour ce que l'on s'est fixé »

Moi, au contraire, je me préoccupais de tous ces détails. À la fin, quand j'arrivais sur le court, je n'acceptais pas l'échec. Plus simplement, je n'acceptais pas si les choses prenaient une tournure différente de ce que j'avais prévu.

Je me lavais la conscience en pensant que les choses ne pouvaient pas aller dans le mauvais sens, vu que je m'étais couché à 21h30 le soir d'avant, que j'avais mangé ce qu'il fallait, que je m'étais entraîné comme un dératé ces dernières semaines...

Tu pourrais comparer cela par exemple à un joueur de tennis amateur qui ferait le tour des magasins pour s'acheter et équilibrer la raquette de Federer, en se disant, «maintenant que je l'ai trouvée, je suis sûr de devenir numéro un mondial».

Bien sûr, je ne suis pas entrain de dire que

bien faire les choses soit un mal. Je veux simplement dire que porter son attention uniquement sur celles ci, ne sert à rien, par rapport au résultat si elle n'est pas accompagnée d'une attitude adéquate lors de l'entraînement ou du match.

Plus simplement, une attitude professionnelle en dehors du court est complètement inutile, si au premier inconvénient qui apparaît lors d'un match ou d'un entraînement, tu n'es pas capable de maintenir une attitude tout aussi professionnelle.

Le plus surprenant, quand j'y pense, c'est que j'étais persuadé que tout cela aurait fait obligatoirement de moi un meilleur joueur de tennis.

Je ne comprenais toujours pas pourquoi je n'étais pas encore le meilleur.

Quand j'allais à l'entraînement, mes partenaires prenaient les choses d'une façon plus cool par rapport à ce que je faisais.Je pensais qu'ils n'étaient pas assez sérieux, qu'ils étaient trop jeunes et qu'ils ne possédaient pas la discipline et donc qu'ils ne respectaient pas leur sport.

Je ne buvais pas. Je ne fumais pas. Je voyais les autres joueurs faire la fête et ceux là étaient même plus forts que moi. Alors, pour me consoler, je me disais que de toute façon, ils étaient en avance car ils avaient eu de meilleures conditions pour s'entraîner jusqu'à présent. Mais j'irai plus loin qu'eux car je suis plus sérieux.

De cette période, beaucoup de ces joueurs ne sont pas allés beaucoup plus loin. Moi non plus, je n'ai pas atteint les objectifs que je m'étais fixé.

Pourtant mon niveau de jeu est toujours allé vers le haut. Les gens qui me voyaient jouer continuaient à me dire combien je jouais bien. Quel revers! J'étais l'un de ces joueurs que le « public » venait voir même après les défaites, en disant «bravo, félicitations pour le tennis que tu as...»

Mais cela ne me faisait pas gagner un match!

Je jouais bien au tennis. J'étais sérieux en dehors et sur le court. J'avais un physique que beaucoup m'enviait. Je me considère aussi comme une personne pas trop «conne». Tout cela ne changeait rien. Je ne gagnais pas assez.

Je voyais mon rêve s'éloigner de plus en plus. Le temps tournait en ma défaveur constamment. Je m'angoissais de plus en plus en plus. Chaque nouveau coup joué entraînait une lourdeur inimaginable de conséquences…

TROP VOULOIR GAGNER?

Mon objectif était de gagner, gagner chaque match, chaque point, chaque tournoi que je jouais. Pour devenir le numéro un, tu dois gagner. Tu ne dois pas perdre ton temps avec les joueurs plus faibles. Voilà ce que je pensais.

J'entrais sur le court avec la pensée que je valais plus que l'adversaire en face qu'il ait, un classement inférieur ou non. Si je jouais comme je suis capable de le faire, je gagnerais facilement. Alors, pourquoi, soudain, comme un boomerang, cette petite voix arrivant de nulle part raisonnait dans ma tête et me disait :

- «Et si tu n'étais pas capable de montrer ce que tu sais faire?»

- «Et si tu n'arrivais pas à gagner?» ...

Je me disais tout cela car je n'avais aucune fondation sur laquelle je pouvais m'appuyer à part le fait de m'être couché tôt, d'avoir bien mangé, d'avoir fait 15h d'entrainement en 3 jours...

De tout ce que je m'étais fabriqué pour une réussite obligée, il ne restait que mes incertitudes, mes peurs, mes rêves. J'étais incapable de rentrer sereinement sur un court sans avoir cette épée de Damocles au dessus de la tête.

Mais d'où venaient ces doutes?

Toute cette angoisse venait du fait que je me rendais compte que je n'avais pas forcément acquis ce dont j'avais besoin pour devenir numéro 1, et pire encore...

J'avais peur car je commençais à voir ce que je n'étais pas capable de faire. Je n'étais plus sûr que ce que je savais faire suffirait.

Je voulais écraser l'adversaire. Je ne jouais pas encore sur le circuit principal ATP. Je devais perdre le moins de temps possible sur ces petits tournois. En même temps, je me disais que si je perdais cela voudrait sans doute dire que je n'avais pas le niveau. Cela m'effrayait de penser que je n'étais pas capable d'atteindre mon rêve.

C'est incroyable quand j'y pense la contradiction des idées qui nous traversent l'esprit...

-       Envie et/de croire que l'on peut devenir le numéro 1

contre

-       Peur de ne pas y arriver.

-       Croire que l'on doit écraser son adversaire.

contre

-       Peur de ne pas y arriver.

-       S'entraîner comme un fou pour atteindre ses objectifs.

contre

-       Croire que l'on ne mérite pas de

gagner si on ne joue pas comme on l'espérait...

Je rentrais donc sur le terrain avec toute cette confusion. C'était impossible de voir la réalité, de prendre conscience de la situation, d'être ouvert.

J'étais enfermé à l'intérieur avec une guerre entre mes objectifs, mes rêves et mes peurs de ne pas y arriver...

Tout était source de remise en questions, ou de rêves à 6 mètres au dessus du sol!

Dès le départ, je me mettais dans une position de désavantage. Ce n'était pas à cause de mes qualités de joueur. Mais dès le début, je m'étais trompé de chemin. Je m'entêtais à continuer tête baissée sachant que je n'avais réglé aucun de mes «problèmes»

J'ai commencé par la fin. En regardant déjà ce qu'il y avait au bout, je me suis mis dans la peau de quelqu'un que je n'étais pas. Je me suis mis dans la peau d'un numéro un mondial. Plus exactement de l'idée que je m'en faisais.

Je ne me suis jamais vu en tant que Yann Dupuy. Je ne me suis jamais dit : «Fais avec ce que tu as ; donne le maximum et ensuite on verra ce qui se passera!»

J'étais pressé. Comme tout gosse de 4 ans qui veut un jeu électronique quand il voit ses grands frères y jouer. Il fait une crise jusqu'à que ses parents cèdent à ses caprices. Puis, il se rend compte qu'il n'arrive pas à jouer car c'est encore trop compliqué pour lui. Donc, il pleure parce que pour lui le jeu ne fonctionne pas...

CHAPITRE 4
MA RÉVOLUTION

« Ma petite révolution personnelle (même si je n'ai pas compris tout de suite) fut une rencontre avec une personne qui est encore aujourd'hui très importante dans ma vie.

Grâce à cette personne, je me suis rendu compte que je ne faisais que me plaindre de ce que je n'avais pas. Je fuyais mes responsabilités. Du moins, je les évitais.

Comment a-t-elle fait?

Tout simplement en me disant la vérité. Elle ne me réconfortait pas dans mes moments de déprime non justifiés, quand je perdais ou quand je me plaignais de tout ce qui n'allait pas.

Elle n'arrêtait pas de me parler de tout ce dont j'étais capable de réaliser. La plupart du temps cela aurait suffit pour battre mes adversaires si je ne me focalisais pas uniquement sur ce qui me manquait.
Je n'utilisais pratiquement pas mon potentiel et mes propres outils pour me donner une chance de gagner. »

SE DONNER UNE CHANCE DE GAGNER.

Se donner une chance de gagner!

C'est une phrase super importante que chacun devrait se dire avant et pendant chaque match.

Ce qu'elle essayait de me dire n'était pas extraordinaire. J'ai commencé à comparer la relation que j'avais instaurée avec elle avec ma façon de vivre mon tennis.

C'est la première fois que je ne me projetais pas dans l'avenir, que je faisais les choses parce que j'avais envie de les faire.

J'ai fait la comparaison avec une relation amoureuse.

Ne t'est-il jamais arrivé de demander à ta compagne ou à ton compagnon, s'il ou elle t'aimera pour toujours?

Ou bien n'as-tu jamais écrit sur une lettre, ou sur un sms, «LOVE FOREVER»!? ou «Je t'aimerai toujours»!

C'est beau de le dire, ou de se l'entendre dire dans les moments où tu ressens ce sentiment. Crois-tu réellement que le fait de l'avoir dit ou écrit, ou bien de te l'être entendu dire changera quelque chose le jour où un de vous trahira , ou ne ressentira plus l'amour des premiers jours?

Tu chercheras peut-être de faire pression sur cette personne lors d'une rupture, en la culpabilisant pour le fait qu'elle t'ai dit qu'elle t'aimerait pour toujours. Ou bien, alors, tu te sentiras toi-même coupable et tu regretteras le moment où vous ressentiez ce sentiment qui t'a poussé à dire « pour toujours ».

Alors, au lieu de vivre dans l'hypocrisie dans laquelle la peur et l'incertitude m'emmenaient, de me mentir à moi-même et donc aux autres, pourquoi ne pas commencer maintenant à apprendre à suivre le cours des choses, à écouter ce que je ressens sans avoir peur que dans le futur les choses puissent changer.

Je fais tout ce que qui est en mon pouvoir pour rendre cette relation la plus belle possible.

Je ne lui ai jamais demandé si elle m'aimerait toute la vie. Je sais qu'elle ne peut le savoir. Si elle me répondait oui, cela serait un mensonge.

L'important pour nous, c'est le respect, s'aider mutuellement pour partager le long chemin de cette vie, en espérant qu'il soit le plus long possible, mais sans vivre avec la peur qu'un jour tout cela puisse s'arrêter.

Il y a deux solutions possibles : que la relation dure pour la vie, ou qu'au contraire, elle finisse un jour.Cela, nous le savons tous les deux, mais nous ne voulons pas en être conditionnés.

Nous voulons profiter pleinement de notre relation, sans perdre la sérénité à cause de la peur du futur.

Il existe la possibilité, que comme dans la majeure partie des cas, les prévisions se révèlent différentes de la réalité, non pas parce que tes sentiments ou ceux de ton ou ta partenaire n'étaient pas sincères, mais parce que tout simplement la vie change. Si tu en es conscient, tu changeras toi aussi avec elle. Par conséquent, il n'existe pas de garantie sur ce que tu seras, sur ce que tu feras ou bien encore sur les sentiments que tu auras.

Par peur de ce qui arrivera dans le futur, tu peux rendre ton présent très dur à vivre.

Je n'avais pas compris tout de suite que je risquais de vivre ainsi le reste de ma vie. Du coup, je me suis rendu compte que je vivais mon tennis aussi de cette façon.

Dans l'instant même que ce concept si simple est entré en moi, au lieu de me demander :

    — «Et si je n'y arrive pas?...

    — Et si je ne deviens pas le numéro

un mondial?

— Et si je faisais tout cela pour rien?»

J'ai commencé à me dire : «Entraine toi comme tu le dois. Joue le match en sachant que tu peux perdre ou gagner, par contre en ayant fait le maximum pour gagner».

J'ai commencé à me rendre compte que la vie est en mouvement permanent, un perpétuel changement, pas dans le sens qu'un jour c'est noir et le lendemain blanc, mais dans le sens que sur ta route, il y aura de nombreuses décisions à prendre, de nombreux choix à faire, et souvent il y a une évolution logique.

CHAPITRE 5
OBJECTIF DE RÉSULTAT?

Un athlète a besoin d'apprendre à apprendre, de distinguer le résultat du parcours, de comprendre que le résultat arrive parce que l'on fait les choses pour et non parce que l'on aimerait bien que cela arrive!

À partir de toutes ces considérations, une question m'est venue à l'esprit :« Ai-je réellement besoin d'un « objectif de résultat »?

Comment puis-je apprendre et utiliser mes capacités au maximum si je suis conditionné par le résultat?

C'est normal de faire des choix pour aller dans une direction. Le faire dans l'optique de gagner du temps en croyant arriver plus rapidement au résultat t'emmènera à ta perte.

Chaque pas a sa propre importance, son rythme, sa propre identité. Ceux que tu fais aujourd'hui seront sûrement différents de ceux que tu feras demain, la semaine prochaine et ainsi de suite.**Un athlète a besoin d'apprendre à apprendre, de distinguer le résultat du parcours, de comprendre que le résultat arrive parce que l'on fait les choses pour et non parce**

que l'on aimerait bien que cela arrive!

C'est pour cela que je crois qu'un objectif de résultat est l'une des choses, non pas à effacer, mais à mettre vraiment en perspective. Sinon, à mon avis, cela revient à commencer par la fin. Cela reviendrait pratiquement à définir le travail que tu dois effectuer sur une autre personne, une personne qui n'existe pas encore et qui en continuant sur cette voie pourrait ne jamais exister!

Les « psy » ou préparateurs mentaux te parlent d'être «ici et maintenant». Ensuite, ils te demandent d'avoir des objectifs de résultats qu'il faut atteindre à court, moyen et long terme. Je trouve qu'il y a quelque chose de paradoxal dans tout ça.

C'est pourquoi, il faut que ce soit clair dans ta tête. Il faut que tu saches où tu vas - pourquoi tu fais tous ces sacrifices ?pourquoi tu t'entraînes? Mais, personnellement, je remplacerai cet objectif de résultat en «Objectif d'engagement»...

« En Projet ».

Cela veut dire faire les choses qu'il faut, comme il le faut, et ensuite dresser des bilans, des adaptations du travail à effectuer, avec méthodologie, etc...

Ce qui te rend capable de prendre de bonnes décisions, c'est de comprendre la situation que tu as en face de toi, et d'analyser ce que tu es en train de vivre...

Si tu ne penses qu'au résultat, tu auras peur de ne pas les atteindre. Tu ne peux pas vivre la situation comme elle est réellement. Tu ne peux pas avoir l'esprit libre pour prendre les bonnes décisions au bon moment.

Le point précis que je veux atteindre avec cette réflexion est que le résultat final n'existe pas. Cette projection dans le futur, n'est pas réelle. Tu ne peux baser chaque mouvement que tu fais sur quelque chose qui n'existe pas.

Mais par contre, ton travail doit se baser sur un parcours, un projet qui demande un engagement proportionnel au grade d'excellence que tu voudrais atteindre.

Prends le temps de te donner le temps de faire les choses comme elles doivent être réalisées et non pas dans l'anxiété d'arriver le plus vite possible au résultat.

Je pense que cela est accessible au plus grand nombre d'entre nous. Ne pas s'engager sur un chemin les yeux fermés, mais en le parcourant avec l'esprit le plus ouvert possible.

Comment peut-on vivre ce p..... de moment présent?

Alors, comment ça marche?C'est l'oeuf qui est arrivé avant la poule ou bien le contraire?

Comment te vient l'idée de vouloir devenir le meilleur joueur de tennis du monde?

Cela peut arriver d'une vision, d'un rêve, d'un désir intense, d'un pari avec soi même, de ta propre ambition ou bien de celle de tes parents...

Mais à la fin, c'est toi qui décides d'y aller ou non, qui décides d'y mettre tout ce que tu peux.

C'est le moment d'assumer un choix.

Te concentrer sur ce dont tu as besoin, faire sortir le meilleur de toi même pour réaliser cette vision, ce rêve, ce désir, ce choix de vie.

A partir de cet instant, tu dois être convaincu de ta décision et de ton engagement.

Es-tu prêt à travailler, à t'entraîner, à faire des sacrifices petits et grands, à te relever quand tu trébuches, à donner le meilleur de toi même sans retenue, à croire en tes possibilités et en tes chances?

Si tu en es réellement convaincu, voici les mots qui t'aideront à faire ce voyage vers l'inconnu...:

Conscience

Courage

Continuité

CHAPITRE 6
CONSCIENCE

"On a conscience avant, on prend conscience
après". Oscar Wilde

"Une bonne conscience est l'oeil de Dieu".
Proverbe Russe.

La première chose qui me vient à l'esprit, c'est l'honnêteté. En effet, il te sera difficile d'avancer si tu la laisses de côté.

L'honnêteté envers toi même te permettra de développer des auto-critiques utiles, de comprendre ce qui te manque réellement que ce soit au niveau tennistique ou psychologique.

Te mentir sur tes propres capacités, sur tes progrès ou défauts, sur les situations que tu affrontes,...etc. ne te permettra pas de faire des analyses lucides.

Comprendre qu'il ne faut pas rabaisser les autres, pour faire croire que l'on vaut mieux qu'eux.

Ne pas se rabaisser non plus soi-même. Ne pas fermer les yeux en attendant que cela passe en espérant qu'arrive le meilleur.

Cette capacité à analyser avec lucidité te donnera la possibilité de comprendre ce qui se passe à l'intérieur, à l'extérieur et autour de toi.

Deviens Conscient !

T'apitoies-tu sur ton sort, en pensant être un incapable, que tu n'y arriveras jamais si tu ne gagnes pas facilement contre ce genre de joueur?

— Sais-tu garder ton calme pour chercher des solutions?

— Es-tu une personne qui fait semblant de balancer, pour sauver la face devant les personnes qui assistent au match mais qui reste dans la partie au cas où un miracle changerait la situation?

— Cherches-tu des excuses ou justifications en cas de défaites?

— Ta façon de jouer est-elle liée au fait de démontrer aux personnes qui te regardent jouer que tu es un (très) bon joueur?

— Quelle importance a pour toi le regard des

autres sur ton jeu?

— Te concèdes-tu le droit de mal jouer et le droit de perdre un match?

— Te sens-tu devoir quelque chose à quelqu'un du fait que tu joues au tennis?

— As-tu peur de ne pas être assez fort?

— As-tu peur de décevoir les personnes autour de toi?

La liste est longue encore sur les questions que tu peux te poser. Tu dois t'obliger à comprendre tes réactions, tes différentes émotions lorsque tu joues.Tu dois être conscient de ce que tu es et de ce que tu fais, pour pouvoir baser le travail sur toi même.

Par exemple, lors de certains matches, on m'a fait part de certaines de mes attitudes à des moments clefs, ainsi que des signes sur le langage de mon corps. Je n'acceptais plus la bagarre, ou je baissais les bras en me disant que ça se passera comme d'habitude.

Dans ces moments-là, je commençais à secouer la tête et à souffler. Je ne me donnais plus aucune chance de gagner. Je ne m'en étais pas rendu compte. Mais un jour, pendant un match, dans une de ces situations plus au moins récurrentes, les choses commençaient à aller mal. Mon regard a croisé celui de la personne qui avait analysé mon comportement et qui avait été le point de départ de ma «révolution».

Je me suis rappelé tout ce qu'elle m'a dit sur mon attitude dans ces moments là. Pour la première fois, au lieu de rejeter la faute sur je ne sais qui ou quoi et de faire semblant de croire qu'il n'y a plus d'issues, je me suis posé la question :

«Est-ce vrai ce qu'elle me dit? Ai-je vraiment cette attitude? Est-ce que je me comporte vraiment ainsi?»

et...

Je me suis rendu compte, que :

- oui, je baissais et secouais la tête.

- oui, je commençais à souffler.

- oui, je commençais à dire que c'était comme d'habitude, que je n'y arriverai pas...

J'en ai pris conscience!

J'ai pris sur moi. Je n'ai pas fait semblant. Je me suis regardé face à face pour voir qui j'étais réellement dans ces moments-là.

Je me suis dit :

«Te rends-tu compte que cette attitude te

mènera nulle part. Te rends-tu compte que c'est toi qui réagis comme ça et qui te mets tout seul dans cette situation».

À partir de là, attention à tes démons. Nous avons déjà vu que l'honnêteté envers soi-même et les autres est une qualité essentielle dans cette prise de conscience.

Le premier Démon, c'est de ne pas être honnête avec soi-même et les autres. Cela aura une grande part de responsabilité sur nos échecs à venir.

Les mensonges, qu'ils soient grands ou petits, ces justifications éloignées de la réalité pour sauver la face, pour ne pas admettre ses propres faiblesses, pour se sentir mieux face à soi-même et face aux autres, ce sont eux tes premiers démons!

Le plus grand danger est de commencer par y

croire, de se persuader que cela s'est réellement passé. Cela veut dire que tu mets de côté la possibilité de comprendre la situation et de t'améliorer.

Cette hypocrisie est une couverture imperméable à la compréhension de soi, à l'apprentissage, à l'estime et au respect de soi-même et au succès.

C'est se voiler la face pour ne pas assumer ses propres responsabilités.

Le mensonge est ta première bête noire à éliminer pour commencer à ouvrir les yeux sur ce que tu es et sur ce qui t'entoure.

Les mensonges sont un cercle vicieux dans lequel tu ne peux et ne dois te permettre d'entrer.

Le second démon est représenté par les préjugés - Cette manie de croire que les dés ont été déjà lancés - Croire que le résultat d'un match soit donné uniquement par la différence de valeurs ou de potentiel des deux adversaires sur le court.

Si cela était vrai, la compétition n'existerait pas, vu que tu ne pourrais jamais perdre contre quelqu'un de « moins fort » et que tu ne pourrais jamais gagner contre quelqu'un de « plus fort ».

Tout serait à la merci des juges.

Tu dois te concentrer sur la réalité du terrain.

Fais avec ce que tu as, et non pas avec ce que tu voudrais avoir.

Il y a tant de choses qui peuvent changer le cours d'un match, diminuer la différence de niveau entre deux joueurs qui semblaient loin l'un de l'autre, empêcher un joueur d'exprimer toutes ses qualités.

Une légère blessure, un court plus rapide, un problème sur le plan personnel ou familial, un manque de confiance dû à peu de matches gagnés lors des tournois précédents, une forme exceptionnelle, le match parfait, etc..., tout cela a une incidence sur le déroulement d'une partie.

Et, justement, c'est là que tu dois prendre CONSCIENCE de la situation, de comprendre ce qui est important pour toi : te laisser bouffer par la situation ou bien l'affronter car pour toi l'important est de sortir vainqueur de ce match.

Le fait de penser qu'un joueur ait une technique de m...., ou bien qu'il n'ait jamais réussi à gagner contre toi, penser que tu es meilleur que lui dans tous les domaines, tout cela peut te mettre en difficulté du moment où le match prend une tournure différente de tout ce que tu pouvais penser. Tu n'es pas prêt à réagir en cas de difficulté, car tu as déjà joué le match. Tu devras trouver la force d'en rejouer un deuxième avec les nouvelles cartes en jeu...

Souvent dans ces moments là, on se retrouve à combattre contre soi-même, juste pour essayer de sauver son orgueil.

Les préjugés sont donc, eux aussi, à éliminer!

L'unique jugement que tu dois être capable d'émettre est celui concernant les conséquences de tes actions chaque fois que tu en as conclue une, au contraire des préjugés qui te mettent dans la situation de jouer aux montagnes russes avec ton évaluation personnelle.

L'estime de soi vole au-dessus des nuages quand les choses vont bien et s'enfonce dix mètres sous terre lors des défaites et des échecs.

Cette petite voix te dit que tu es le meilleur, que plus rien ne t'arrêtera, à chaque fois que tu réussis.

Cette petite voix te dit que tu as fait déjà le plus dur. Elle t'empêche de finir au mieux ton travail. Tu voudrais que l'autre te donne le match. L'adversaire doit comprendre qu'il est moins fort.

En fait, Tu dois te rendre compte que tu as peur de ne pas être capable de finir le match.

Cette petite voix, à chaque fois que tu fais une contre performance, te dira que tu ne mérites pas de gagner, que tu n'y arriveras jamais, que tous les sacrifices qui ont été faits, l'ont été en vain.

Cette petite voix, tu dois apprendre à la combattre. C'est l'accumulation de tes peurs, de tes doutes, de tes prières...

Tu dois te détacher d'elle, l'envoyer voir ailleurs sinon tu seras toujours son prisonnier.

Se surestimer ou se sous-estimer t'amènent à un seul résultat, à avoir des préjugés et donc tout ce qu'il en suit. Dire que tu es le meilleur ou non ne t'amènera nulle part. Ta valeur n'a que très peu d'importance. Ce qui est primordial, c'est l'usage de ce potentiel. Tu ne dois jamais perdre la réalité du terrain dès qu'il y a une partie à jouer.

Un jour, pendant un match que j'étais entrain de gagner contre quelqu'un de beaucoup plus fort que moi sur le papier mais diminué par des problèmes physiques, je me suis mis à penser à des choses absurdes. Si je fais une double faute sur ce point, ça veut dire que je ne serai pas capable de gagner le match.

En fait, j'étais déjà entrain de penser au résultat. Je commençais à avoir peur de ne pas être capable de cueillir l'opportunité que j'avais.

J'avais peur de gagner ou de ne pas être capable de gagner...

Aujourd'hui, quand j'y repense, je trouve incroyable le fait de m'être rabaissé en cherchant pratiquement à me convaincre que je n'y arriverais pas du moment où j'avais l'occasion de gagner.

Mon cerveau commençait à faire de drôles de raisonnement. En allant m'asseoir au changement de côté, je disais à mon capitaine d'équipe : « si tu savais ce qui me passait par la tête .... »

Il me répondit, une chose si simple et si juste :« Arrête de croire que tu es le seul à avoir des problèmes, que tu es le seul à devoir gérer tes sentiments sur le court. Tu penses quoi? Que tes adversaires sont des robots, qu'ils ne ressentent jamais la peur, ou qu'ils n'ont jamais de problèmes? Eux aussi doivent gérer leurs émotions»!?

Cela m'a détendu. J'ai commencé à vivre plus tranquillement mes états d'âmes. Cela m'a permis de remporter le match.

Au-delà du jugement de soi, tu dois absolument être convaincu que tu peux faire les choses que tu entreprends. Cela ne veut pas dire se surestimer.

Cela veut seulement dire être conscient de ses qualités et de ses possibilités. Il faut croire en soi et non pas espérer.

Si toi-même, tu n'en es pas convaincu, personne ne le sera à ta place. Si tu entreprends quand même de continuer le chemin, cela voudra dire : soit tu te mens à toi même, soit tu comptes sur un miracle...

Revenons à la «petite voix », cherchons à trouver une façon de la contrôler et de la faire taire.

Définissons une correcte relation avec toi-même qui te permette d'arrêter de te mentir, de trouver des excuses, des justifications, et en conséquence qui te permette de commencer à assumer tes responsabilités.

Je commence par te dire :

«Tu ne feras jamais tout bien dans ta vie. Tu commettras des erreurs. Accepte les. Essaie de les limiter et d'en tirer quelque chose pour ne pas les répéter en continue.

Fais en sorte que le résultat de tes erreurs devienne une ressource.

Tes erreurs, ton incapacité temporaire de faire quelque chose tout de suite de la meilleure façon, sont des épisodes que tu dois apprendre à gérer comme des faits dépendant uniquement de toi, de ton inexpérience personnelle, sans jamais, et je le répète, sans jamais chercher à te décharger sur quelqu'un d'autre.

Le premier exemple qui me vient à l'esprit est celui là :

Après une dispute avec un de tes parents ou ta compagne, ou quiconque qui t'est cher, tu dois participer à un entraînement ou même à un match. Tu rentres sur le court sans envie. Tu commences à jouer sans trop de détermination. Tu traînes des pieds. Tu ne fais aucun effort. Tu donnes la partie sans avoir essayé de la gagner. On viendra vers toi et on te demandera la raison de cette attitude avec laquelle tu as joué ce match. Tu répondras que tu n'étais pas bien dans ta tête, que tu n'avais pas l'esprit à jouer.

Résultat : Tu perds un match. Tu es triste. Tu perds une occasion de progresser, d'aller plus loin dans le tableau, etc...Réfléchis bien. Pose toi la question de qui perd le plus dans l'histoire...

C'est toi, et seulement toi...

Quand tu prends la décision de t'entraîner ou de faire un match, c'est toi qui

t'engages en sachant que ce qui se passe dans ta vie, je parle bien évidement de problèmes quotidiens de la vie de tous les jours, et non pas de drames, ne peut déterminer dans un sens positif ou négatif le résultat de cet engagement.

Le résultat que tu obtiendras est dans tes mains et non pas dans celles des personnes qui partagent ta vie.

Tu dois prendre tes responsabilités, prendre conscience que ta vie, il n'y a que toi qui la vis. Personne ne le fera à ta place.

Celui qui rentre sur le court, c'est toi et personne d'autre.C'est toi qui cours. C'est toi qui frappes la balle. C'est toi qui souffres. C'est toi qui prends du plaisir...Tu ne dois pas oublier pourquoi tu as choisi de faire ce sport, et donc de la compétition.

Je sais que ce n'est pas facile de laisser dans les vestiaires les disputes, les problèmes, les difficultés de la vie de tous les jours. Mais c'est trop facile de les utiliser pour faire la victime et ne pas combattre.

Obnubilé par le fait de trouver des justifications, par rapport aux préjugés que tu as et des jugements que l'on fait sur toi-même, tu en oublies que tu te trouves devant une situation à gérer.

Quand tu rentres sur le court, tu dois faire en sorte que l'athlète que tu es, prenne le dessus sur la personne que tu es.

Quand tu rentres sur le court, la première chose que tu dois avoir dans la tête est que tu vas faire un match. Comme toute rencontre de tennis, tu peux gagner mais tu peux aussi perdre. Tu as même le le droit de perdre même contre un joueur «moins fort » que toi.

Toujours étant, l'hypothétique défaite dérive d'un combat néanmoins acharné.L'unique droit que tu n'as pas est celui de perdre tout seul.

Quand tu rentres sur le court, oublie toutes les jugements sur toi-même et ton adversaire.Quelque chose de concret et de réel est sur le point de se réaliser. Tu dois en faire partie, concrètement et réellement.

La valeur ou le potentiel ne font gagner que sur le papier. Ils doivent être confirmés chaque jour, à chaque entraînement, à chaque match, à chaque moment de ta vie de joueur de tennis.

Si tu te trouves dans une situation délicate durant un match car au lieu d'être arrivé tranquille et prêt pour affronter la partie, tu as perdu ta concentration, ton unique chance de retourner la situation en ta faveur est celle de réussir à t'empêcher de te juger.

Comme nous avons vu précédemment, te juger te fait perdre la capacité d'analyser avec lucidité la situation qui se trouve devant toi.

Prends une pause. Prends le temps de comprendre ce qui est entrain de se passer.

Par exemple, quand tu rates ce coup droit d'attaque, qui devrait te donner le point à chaque fois, durant trois jeux de suite et que tu te retrouves mené, tu as le choix entre :

— Continuer à essayer, même si le fait de persévérer dans cette direction te fait perdre le match?

— T'énerver et laisser tomber le match, en pleurant sur toi même du fait que tu n'aies pas de chance?

— Te concéder 20 secondes pour chercher une

solution qu'elle soit technique ou bien tactique et l'appliquer pour essayer de t'en sortir?

Qu'est-ce que tu décides?

Le premier choix pourrait être une bonne attitude lors d'un entraînement. Mais durant un match que tu essaies de gagner cela ne te conduirait -il pas vers la défaite?

Si tu choisis la deuxième solution, tu ne te laisseras pas beaucoup de marge, à part le miracle...

Le troisième choix, en revanche, pourrait te donner une chance, **UNE CHANCE DE GAGNER.**

Tu dois réussir à dire STOP. Tu dois apprendre à te contrôler, à éliminer tes préjudices et tes jugements, ton faux orgueil, l'influence des pensées autrui et commencer à analyser avec lucidité chaque situation, sans que d'autres éléments s'entremettent entre toi, ton adversaire et le court.

Cette histoire de, «tu vois c'est moi qui fais tout, c'est moi qui fais le jeu, l'autre ne fait rien, etc...»

Au contraire, tu dois avoir la capacité d'agir/réagir à chaque situation qui se propose à toi.

Cette partie de la CONSCIENCE s'appelle «La lucidité». C'est elle qui t'a permis d'analyser la situation. À ce moment là, il ne te manque plus que d'accepter les choses comme elles sont...

En effet, que faire de cette analyse, maintenant que tu as compris ce qui se passait?

Tu dois tout simplement l'élaborer.

Accepte que tu ne peux pas toujours bien jouer. Accepte que tu as le droit de perdre même quand tu donnes le meilleur de toi, car tu joues un match de tennis et comme tel rien n'est joué d'avance.

Accepte de ne pas avoir un contrôle total sur un match de tennis et que ton adversaire te pose des problèmes.

Tu as fait de mauvais choix tactiques. L'autre joue mieux...

Accepte la situation. Elle te permettra de focaliser ton énergie sur les solutions, les réponses à donner pour tourner les choses à ton avantage.

Au lieu de te plaindre, de t'énerver, de baisser les bras, accepte ce qui s'est passé et ce qui se passe. Concentre toi pour surmonter cette difficulté.

C'est un fait. Les choses se sont passées de cette manière et tu ne peux pas les changer.Ce que tu peux changer par contre c'est ce que tu vas faire ; c'est ce que tu vas mettre en oeuvre pour te sortir de ce mauvais pied.

Il y a quelques temps, je participais à un tournoi. Lors des qualifications, il ne cessait de pleuvoir. Le vent soufflait de manière impressionnante à dévier considérablement les trajectoires des balles. Les organisateurs n'avaient que pour seul souci de nous faire jouer pour commencer à temps le tableau final. Ce tournoi se passait en Allemagne. Là-bas les terres battues sont assez différentes de celles que l'on peut trouver en France ou en Italie. En effet, ils utilisent un grain très gros et les couches inférieures permettent une absorption de l'eau extrêmement rapide. C'est pour cela qu'ils nous faisaient jouer quand même.

Les 2 premières parties se sont déroulées sous quelques averses de pluie assez fine. Mais lors du dernier tour de qualification, il n'a pas cessé de pleuvoir, de fort à faible. La pluie ne s'arrêtait pas.

Durant un set, je ne comprenais pas qu'ils puissent nous faire jouer dans ces conditions. En plus de la pluie, il ne faisait pas plus de 10°C en plein été. J'avais l'impression de vivre un gag. Mais lorsque je me suis rendu compte que mon adversaire, lui, en revanche était déjà dans le match malgré les conditions météo cela faisait déjà 6/0 pour lui.

À partir de là, j'avais le choix entre laisser tomber le match, le laisser gagner (non pas parce qu'il était plus fort que moi, mais juste parce que les conditions de jeu étaient pitoyables) ou bien accepter la situation difficile dans laquelle je me trouvais, pour me donner une chance de l'emporter.

Accepte le passé et le présent pour agir de suite.Je perdis le match 7/6 au troisième avec balle de match pour moi.Vous me direz «j'ai perdu... C'est vrai». Mais par contre, j'ai été très près de l'emporter. C'est sans doute ce qui se serait passé si j'avais réagi plus tôt...

Par contre, cette expérience m'a été utile trois semaines plus tard. J'ai gagné un tournoi open où j'avais commencé sur terre battue extérieure et fini sur dur intérieur deux fois de suite.Je ne me suis pas laissé surprendre. Je ne me suis pas énervé. Je n'ai pas considéré le fait que j'étais en train de gagner le match avant le changement de court et que cette nouvelle situation pouvait m'être défavorable (lors des deux matchs je me suis retrouvé en difficulté sur les premiers jeux après le changement de surface). J'ai juste agi et réagi tout de suite.

Lors de cet épisode, je me suis donné une

preuve de **COURAGE**. Je n'ai pas eu honte de jouer un peu moins bien et d'être mis en difficulté. Ce qui m'intéressait, c'était de gagner.

CHAPITRE 7
COURAGE

«On dit que je n'ai pas de talent. Mais je crois qu'il y a bien d'autres talents que celui de frapper dans une balle. Sortir ses tripes sur le court, j'appelle ça avoir du talent, avoir envie de gagner, j'appelle ça du talent, trouver le courage de se battre sur chaque coup quand vous etes mené 40/0, j'appelle ça du talent.»
Jim Courier

Il faudra que tu aies le courage de lutter et d'affronter les situations, les problèmes, les difficultés. Il faudra que tu fasses front, que tu prennes tes responsabilités. C'est toi qui a choisis cette voie. C'est toi qui as choisi de te mettre en jeu. Que tu gagnes ou que tu perdes, tu es là prêt à rentrer dans l'arène et à combattre.

J'ai eu «Le Courage» de le faire, de changer, quitte à laisser paraître que je suis en difficulté ou que je ne peux pas toujours gagner en montrant le meilleur de moi-même.

Tu dois t'adapter à ton adversaire, trouver les ressources pour lutter et surmonter les difficultés comme je l'ai fait..

Je sais très bien que ce n'est pas toujours facile de se battre jusqu'au bout. Il est plus aisé de laisser filer, et de se dire que l'on aura une autre occasion.

Renverser la situation sans montrer son meilleur tennis, cela te coûte en amour propre. Cela touche ton orgueil. Cela te demande du courage . Tu dois lutter contre ton envie de laisser tomber, de retourner à la maison en ayant trouvé des fausses explications, tes justifications,...

Tu as pris conscience de la situation. Différentes solutions se présentent à toi. C'est ton courage qui rentre en jeu.

Il ne te reste qu'à agir et réagir, sachant que ton destin est entre tes mains. En étant courageux, c'est à ce moment que tu te rends compte qu'il y a du boulot, que les choses ne tombent pas aussi facilement du ciel...

Le courage d'agir, sachant que le résultat final ne sera pas obligatoirement ce que tu espères. Il te permettra de grandir, de comprendre, de progresser, pour aller le plus loin possible.

«Je ne perds jamais, soit je gagne soit j'apprends.» Nelson Mandela.

La vérité tu la connais :

-       Tu as le courage d'essayer, de lutter jusqu'au bout, de te battre pour toi car tu as envie de savoir jusqu'où tu peux aller. Tu as envie de savoir ce qu'il y a après, de faire un pas de plus, pour te donner une chance de gagner.

ou

-    Tu t'en vas et tu te transformes en victime, en cherchant du réconfort auprès des gens qui t'entourent, qui te diront que tu n'as pas eu de chance, que tu feras mieux la prochaine fois, etc...

Si tu choisis la deuxième solution, alors tu sais que tu n'as pas eu le courage d'affronter la situation. Sais-tu que la prochaine fois où tu te retrouveras dans ce même genre de situation, tu devras de nouveau faire un choix? Auras-tu le courage cette fois ci?

Si tu fuis :

- Qui sera triste à la fin?

- Qui se sentira incapable de surmonter les difficultés?

- Qui se sentira victime du monde?

- Qui se sentira l'homme le plus malchanceux de la terre?

Ce sera toi.

Tes proches auront de la peine pour toi.

Tu auras leur compassion.

Peut-être, cela te suffit-il?

Par contre, avoir le courage de changer les choses, de lutter, etc... (c'est vrai que cela ne veut pas dire que tu gagneras obligatoirement), te donnera une chance en plus. Cela te mettra dans une position où tu refuses d'abandonner sans lutter pour quelque chose qui te tient tant à coeur.

Ce courage te donnera tout ce qu'il te faut pour grandir, pour repousser tes limites, pour vendre chèrement ta peau. Être fier de soi, garder la tête haute et regarder droit dans les yeux que ce soit la défaite ou la victoire, te rendra meilleur, et permettra d'avancer et d'ouvrir une autre porte.

« Un jour la peur frappa à la porte. Le courage se leva pour ouvrir la porte et vit qu'il n'y avait personne ». Martin Lutter King.

Le courage de suivre la voie que l'on a choisie sans savoir si l'on atteindra la destination...

Un jour, je suis tombé sur la vidéo d'une compétition d'athlétisme universitaire aux Etats-Unis. Une jeune fille en tête de la course, avant d'entamer le dernier tour, tombe et voit toutes les autres participantes lui passer devant. J'ai arrêté la vidéo. Je l'ai montrée à des joueurs. Je leur ai demandé ce qu'ils feraient à sa place.

Le premier m'a dit, qu'il rentrerait au vestiaire car il n'y plus de possibilités de gagner. ça ne sert à rien de continuer.

Le deuxième me dit que lui aussi, il arrêterait la course car il aurait l'air d'un con...

Le troisième me dit lui aussi, qu'il arrêterait la compétition car déjà perdue.

Je redémarre la vidéo. Là, la jeune fille se remet en course pour la finir. Quelque chose d'incroyable survient. Elle rattrape tout le monde et passe la ligne d'arrivée «première»!!!

Je ne crois pas que lorsqu'elle s'est relevée, elle ait pensé une seconde qu'elle pouvait gagner la course. Je pense qu'elle voulait finir la course et donner tout ce qu'elle avait pour le faire de la meilleure des façons. Le miracle s'est produit, elle remporte la course.

Si elle avait réagi, comme les joueurs que j'avais questionnés, elle n'aurait jamais gagné cette course...

La morale de l'histoire, c'est que si tu ne vas pas au bout des choses, tu ne sauras jamais ce qui aurait pu se passer!

Le premier combat est contre toi. La lutte peut être très dure. C'est dur de penser que tu peux perdre même en ayant donné ton maximum.

Perdre en ayant fait tout ce que tu pouvais, ne veut pas dire que tu n'y arriveras jamais. C'est là qu'on revient au point de la conscience, pour avoir la lucidité de comprendre ce qui se passe et ne pas se juger.

Cela veut juste dire qu'il y a encore du boulot. Aujourd'hui, tu as trouvé plus fort que toi.

C'est un match perdu comme il y en aura tant d'autres dans ta courte ou longue carrière.

Mais peut être que cela t'a permis de remporter un match qui, habituellement, t'aurait échappé.

Ne te méprends pas. Je veux que tu haïsses la défaite, je veux que tu la repousses le plus loin possible grâce à ton engagement et ta volonté de faire tout ce dont tu es capable pour GAGNER. La défaite existe, et fera partie de ta vie de joueur. C'est inévitable. Un champion n'a-t-il jamais perdu?

Si tu perds tu as le droit d'être déçu, triste. Mais comme tu as appris à ne pas te juger mais à prendre conscience de la situation, tu seras capable de continuer à avancer et de prendre cette étape comme un pas de plus vers les objectifs que tu t'es fixé.

Le courage, ce n'est pas autre chose que de se lever et d'accomplir ses tâches. Ne trouve pas d'excuses ou de justifications parce que tu as peur, parce que tu es paresseux, parce que tu n'oses pas, parce que tu essaies de te faire croire que cela n'en vaut pas la peine!

Tu trouveras toujours une raison pour ne pas agir. La liste des excuses serait très longue. C'est là qu'intervient le vrai courage. Cela te permettra de faire la différence dans le bon sens et d'aller chercher ce que tu mérites.

C'est trop facile d'attendre que toutes les conditions deviennent favorables pour se dire qu'à ce moment, et seulement à ce moment, tu te mettras en jeu. À ce moment là, si jamais par chance, il arrive, il sera sans doute déjà trop tard...

CHAPITRE 8
CONTINUITÉ

«La négligence de la continuité est une faiblesse et non une force» Paco Ignacio Taibo II

Se relever, s'accrocher, ne pas baisser ta garde, ne pas abandonner aux premiers échecs, aux premières difficultés, ne pas se relâcher aux premières victoires. Être capable de répéter les efforts autant que besoin. Comprendre que tu es arrivé là où tu es grâce à certains efforts et que si tu n'es plus prêt à les faire, les résultats obtenus disparaitront eux aussi, et qu'il faudra repartir à zéro au lieu de t'appuyer sur le travail effectué.

Le vrai Bilan se fait à la fin. Ce sont les étapes intermédiaires qui te permettront de devenir ce que tu as créé et construit en toi et autour de toi.

Ce qui fera la différence entre un bon joueur et un mauvais joueur (pour faire un clin d'oeil au bon chasseur «des inconnus») est le cocktail entre LA CONSCIENCE, LE COURAGE et bien sûr la CONTINUITÉ.

Comme je le dis souvent à mes joueurs, cela ne sert à rien de jouer un match comme un top 100 dans l'année pour jouer le reste de l'année comme un -2/6.

La continuité dans son niveau de jeu montre une grande maturité. C'est être capable de se gérer de manière à ne pas descendre sous un certain niveau même quand les choses ne vont pas.

L'acquérir, c'est poser une base très solide afin de construire de manière plus stable le reste de la pyramide.

La continuité arrive quand on a moins besoin

de courage pour faire les choses. C'est à dire que les choses te pèsent moins. Tu te le dis et tu le fais. Tu deviens cohérent avec toi même. Tu sais ce qui est important pour ton projet.

La continuité ne se retrouve pas seulement dans le fait de réussir à se relever quand tu tombes. Elle consiste à aller de l'avant même quand les choses deviennent difficiles, à aller s'entraîner alors que tu pourrais trouver quelque chose de plus marrant à faire, de faire ton ennuyeuse séance d'étirement d'après entraînement, et de bien s'échauffer avant le match, etc...

La continuité, c'est de ne pas attendre d'avoir les conditions parfaites pour se donner du courage.

Je demande souvent aux joueurs pourquoi ils ne s'encouragent que lorsqu'ils gagnent un point et presque jamais lorsqu'ils en perdent?

Pourtant on a souvent besoin de plus d'encouragements lorsque l'on n'est dans une mauvaise situation, que lorsque tout va bien.

Et c'est là que je me rends compte que l'on s'encourage souvent en regardant les spectateurs qu'ils soient des proches ou non, comme si on voulait leur dire : «regardez ce dont je suis capable de faire»

Je voudrais que mes joueurs commencent à s'encourager lorsqu'ils sont dans une position défavorable, qu'ils le fassent car ils ont envie de s'en sortir et qu'ils ont donc besoin de se donner du courage.

Cela montrerait qu'ils comprennent réellement la situation et qu'ils aient envie d'aller de l'avant quoi qu'il arrive.

C'est très dur de garder le même état d'esprit, de rester constant dans ses réactions par rapport à ses propres émotions...

La grande différence aujourd'hui, en ce qui me concerne, c'est que je suis devenu stable dans mon approche du jeu, de l'entraînement et du match.

Aujourd'hui, je suis conscient du pourquoi je suis là, de ce que veux faire et pourquoi je veux le faire, et cela à chaque fois que je rentre sur le terrain.

La continuité se retrouve dans le fait de tenir les efforts constants.

Si une semaine, tu t'entraînes comme un dingue, et les semaines suivantes tu trouves toujours une excuse pour ne pas faire les choses comme tu devrais, c'est que tu fais semblant et que tu n'es pas prêt à faire les efforts. Tu n'as pas pris conscience des efforts à consentir pour te donner une chance d'y arriver.

Combien de fois as-tu reporté à demain ou pour le surlendemain des choses que tu avais programmées pour aujourd'hui et ensuite, pour un «stupide» motif, tu as laissé tomber?

Combien de fois as-tu trouvé une excuse pour ne pas faire un entraînement physique?

Ne te rends-tu pas compte qu'avec ce genre d'attitude, tu remets en question ta motivation, les efforts que tu as consentis jusque là!

Ce serait comme si tu courrais un 110m haies en étant l'unique concurrent , et après le troisième obstacle, tu déciderais que tu pourrais continuer la course une autre fois ;

Tu perds la course contre toi même. Tu as «réussi» à perdre une compétition sans aucun autre concurrent, si ce n'est toi. Sais-tu quel était le prix de cette course?

« Ta vie » .

As-tu compris pourquoi?

On a presque toujours le temps de faire les choses, mais on n'a pas le droit de perdre du temps par fainéantise, par peur ou par orgueil.

Le succès arrivera si tu as la capacité d'utiliser ton temps pour faire ce qui est important pour toi, de la meilleure façon possible.

Que ce succès soit dans ta vie sportive ou affective, dans les études ou le travail, la formule sera toujours la même.

Le joueur ou la personne qui réussira à avoir la capacité d'être «continu» dans ses engagements, aura toutes les chances de réussir dans ce qu'il entreprendra.

Une chose à savoir est qu'un joueur de tennis

obtient ses résultats à comptabiliser sur peu de tournois.Dans une saison , seuls les meilleurs auront un nombre de victoires de beaucoup supérieur à celui des défaites. Tous les autres auront plus de défaites que de victoires...

Cela signifie que beaucoup de joueurs passeront une partie de la saison à s'entraîner, jouer, gagner et perdre pour être prêt lorsque le moment sera venu.

À ce moment là, les circonstances externes et internes se rejoindront pour enfin sortir le meilleur de toi même.

As-tu réellement compris que bien souvent les bâtons dans les roues, tu te les mettais tout seul?Tu t'empêchais d'avancer, car tu ne te préoccupais pas de bien faire les choses, mais seulement de montrer que tu en serais capable si tu le voulais vraiment...

Mais comme je l'ai écrit au début, la vie est un éternel mouvement, une perpétuelle évolution.Selon le vieux dicton : « perdre ou gagner une bataille ne veut pas dire gagner ou perdre la guerre. »

Continue jusqu'où te porte ton envie. Ne t'arrête pas devant ces feux de paille que sont les victoires et les défaites.Garde la continuité dans tes efforts, la continuité dans l'envie de s'améliorer, de trouver des solutions, pour devenir meilleur (et non pas le meilleur, car cela ne dépend pas seulement de toi).

Ne t'es-tu jamais dit au cours de ta vie (par rapport à un projet ou autre) que tu n'aurais pas dû abandonner aussi vite, en voyant les autres, qui peut-être avaient moins de chance par rapport à toi, réussir là où toi tu as abandonné pour des raisons comme la peur ou la paresse?

Rappelle toi que les regrets sont de mauvais compagnons de voyage.

La continuité démontre un amour constant envers soi même et en ce que tu crois.

Cela démontre aussi que ce que tu fais n'a pas une origine superficielle ou passagère, pire d'un caprice.

CHAPITRE 9
PROGRESSER PASSE PAR
"APPRENDRE À APPRENDRE".

Et Apprendre à apprendre passe par :

La Conscience

Le Courage

La Continuité

Du genre le slogan :
« Power is nothing without control. »

Comme je te le répète depuis le début, c'est à toi de décider, d'unir les ingrédients de manière qu'avec tout le temps dont tu auras besoin, tu puisses avec fierté et satisfaction vivre ce dont pourquoi tu t'es engagé.

En effet, La Conscience, Le Courage, et La Continuité font partie de cette base qui te permettra de te donner une chance de savoir ce dont tu es capable, de te construire, d'apprendre à t'accepter, et d'avancer vers ce qu'il y a de meilleur en toi tout en sachant te servir de ce qu'il y a aussi de moins bon.

Mon père me disait :« Il te manquera toujours un centime pour faire un franc (euro dirait-on aujourd'hui) », je l'ai compris il n'y pas très longtemps ce que cela voulait dire.

Ce centime, c'était tout ce que je croyais qu'il me manquait pour réussir. Un jour, c'était l'entraîneur qui n'allait pas. Un jour, c'est parce que je n'avais pas de chance. Un jour, c'était parce que je n'avais pas assez d'argent. Un autre parce que j'avais des problèmes avec ma copine, un jour parce que les conditions d'entraînement n'étaient pas à la hauteur, etc....

Ce centime qui me manquait était le responsable de tous mes échecs. Je n'ai pas eu la «Conscience» de m'arrêter, de prendre le temps de comprendre ce qui se passait, de chercher une solution.

Je n'ai pas eu le «Courage» d'aller chercher moi-même ce dont j'avais besoin. La seule «Continuité» que j'ai eue c'est de persévérer dans la mauvaise direction.

Je n'ai jamais regardé les 99 centimes que j'avais. Je ne me concentrais que sur ce que je n'avais pas. je pourrais dire, j'attendais le déclic (le centime manquant).

J'entends beaucoup de parents et de joueurs parler de ce fameux déclic, du style:

-       Dès qu'il aura le déclic, ça ira tout seul...

-       Il faut qu'il ait un déclic...

-       Il n'a pas encore eu le déclic...

Il n'y a pas de déclic qui tombe du ciel. Il y a un processus mental à élaborer de sorte que le travail que tu effectueras correspondra à ton engagement. Cet engagement ira chercher le dernier centime manquant!

Il n'y a pas de recette miracle. Je pense que tout part du respect envers soi-même, de notre intelligence. Je pense que toi seul sais ce que tu veux réellement faire de ta vie.

C'est toi qui choisis d'être une victime, ou

d'être quelqu'un qui agit ou réagit, quelqu'un qui veut s'améliorer et devenir meilleur.

Le reste n'a que peu d'importance. Ce n'est que du superflu. Les trophées ne sont là que pour ponctuer les progrès.

Chaque victoire et chaque défaite n'ont pour but que d'apporter une pierre de plus à l'édifice intérieur que tu te construis chaque jour grâce à tes actions, tes expériences.

Il ne te reste plus qu'à te prendre en charge, que tu deviennes maître de ton destin quel qu'il soit, que tu prennes tes responsabilités pour ne pas t'arrêter à 99 centimes car il manque 1 centime pour faire un euro.

Médite sur ces phrases :

«Tu peux haïr quelqu'un et ne jamais lui faire de mal...»

«Tu peux aimer quelqu'un et le trahir...»

Tout ce que j'ai écrit vient de ces dernières phrases. Je me suis rendu compte que ce que tu ressens n'est pas le plus important. C'est ce que tu vois et fais.

Tu peux ressentir les plus horribles sentiments. Si chacun de tes gestes fait du bien autour de toi, où est le mal?Cela vaut aussi pour le contraire.

La clef est de réussir à voir la différence entre ce que tu ressens et ce qui te semble juste et important.

C'est pour cela qu'avec Conscience, Courage et Continuité, tu peux être ce que tu décides d'être , au lieu de te cacher derrière tes émotions.

Je ne veux pas que tu deviennes un robot au sang froid. Je veux seulement te faire comprendre que tu peux aller au delà de tes émotions, si cela te semble juste. Cela t'amènera à découvrir les limites que tu t'étais fixé sans t'en rendre compte. Peut-être, réussiras-tu à les surmonter?

Comme je te l'ai déjà expliqué plus tôt, tes émotions existent mais ne t'empêchent en rien d'agir de façon adéquate.

Aujourd'hui, c'est vrai que je ne joue plus pour atteindre des sommets. J'ai toujours cet esprit de compétition qui m'anime et qui me pousse encore à participer à des tournois ou à des matches par équipes quand j'en ai l'occasion. Je me rends compte combien il est plus simple de jouer et d'exploiter ce dont je suis capable en fonctionnant de cette façon.

Lorsque je rentre sur le court, je sais très bien que je peux perdre ou gagner. Je joue souvent à des classements inférieurs ou équivalents au mien. Ce qui me surprend le plus, c'est la «facilité» avec laquelle je gagne le plus souvent ces matches. Quand j'étais un joueur plus jeune et avec un meilleur classement, j'avais toujours des difficultés à gérer ce genre de matchs.

Je ressentais tout ce que j'ai décrit dans le livre, la peur de ne pas y arriver, l'incompréhension de ne pas gagner facilement les matches contre des joueurs moins forts que moi.

Quand je parle de facilité, je parle plus de gagner sur des scores «larges». Par contre, je sors de ces matchs avec la sensation d'avoir épuisé beaucoup de ressources mentales. Je suis plus fatigué mentalement que physiquement. Cela me demande une grande énergie pour garder la concentration nécessaire pour gagner «facilement».

Je rentre sur le terrain en me disant qu'il y a un adversaire à battre, qu'il va falloir que je joue avec mes armes, celles dont je dispose aujourd'hui.

Je ne m'attends plus à avoir :

- le coup droit d'hier ou de la semaine dernière qui «détruisait» tout sur son passage...

- le service qui ne fait que des aces

- le revers qui part où je veux, etc...

Je m'attends à devoir utiliser les armes du jour contre un adversaire qui utilisera les siennes pour me mettre le plus possible en difficulté.

Si il y arrive tout le match, cela voudra dire que je n'ai pas trouvé de solutions et qu'il était tout simplement plus fort que moi, aujourd'hui. Mais, je n'aurai pas baissé les bras, ou laissé gagner sans lutter au maximum de mes possibilités.

Cela ne veut pas dire non plus que je ne gagnerai jamais contre lui ou bien que je n'arriverai pas à devenir numéro 1 mondial. Cela veut juste dire que j'ai perdu un match.

Au contraire, si je gagne facilement ou non, cela voudra dire que le travail aura été fait. Si je peux gagner 6/0 6/0, je le fais car cela montrera ma determination, l'humilité et le respect envers moi-même et mon adversaire.

À l'entraînement, c'est pareil. J'ai le droit de rater, d'être énervé. Cela ne m'empêchera jamais d'essayer de mieux faire sur le coup d'après et de garder ma concentration et ma motivation.

Je sais qu'il y a des étapes, et qu'elles sont très importantes pour aller le plus loin possible.

Alors, ne cherche pas à aller le plus vite

possible, cherche à mettre chaque pierre à sa place pour que tout ne s'écroule pas au premier coup de vent.

Ne perds pas ton temps en voulant découvrir qui tu es, car tu le sais déjà, si tu ne te mens pas.

Rappelle toi :

« *Tu es ce que tu as accepté, mais aussi ce que tu n'as pas encore accepté.* » Yann

«*Ce que tu es aujourd'hui est ton point de départ...*

Ce que tu veux devenir n'existe pas, ce n'est pas toi... du moins pas encore...»
Yann

« Chaque jour de la vie est un

apprentissage

Apprentissage pour moi-même

Bien que l'échec soit possible

Vivant chaque instant

L'égal de toute chose

Prêt à tout

Je suis vivant – je suis ce moment

Mon avenir est ici et maintenant

Car si je ne peux endurer ce jour

Quand et où le pourrais-je ? »

C'est une « pensée pour chaque jour » écrite
par Soèn Ozeki.

Et si je me donnais une chance!

TO BE CONTINUED...

www.ingramcontent.com/pod-product-compliance
Lightning Source LLC
La Vergne TN
LVHW051134080426
835510LV00018B/2407

LE TOMBEAU DE LA PAUVRETÉ

UNICURSAL

Copyright © 2018

Éditions Unicursal Publishers
www.unicursalpub.com

ISBN 978-2-924859-73-5

Première Édition, Litha 2018